# Zoom 1

## Cahier d'activités
### Français Langue Étrangère

**Catherine Jonville**
**Manuela Ferreira Pinto**

Coordination pédagogique
Cécile Canon
Michèle Grandmangin-Vainseine

Illustrations
Marie-Laure Béchet

Editions Maison des Langues, Paris

# zoom 1

Je comprends les consignes pour bien utiliser mon cahier !

 j'écoute

 je lis

 je parle

 j'observe

 j'écris

je chante

 je montre

j'associe

 je fabrique

Je retravaille les contenus du livre de façon ludique.

J'évalue mes progrès avec des activités spécifiques et une grille d'auto-évaluation.

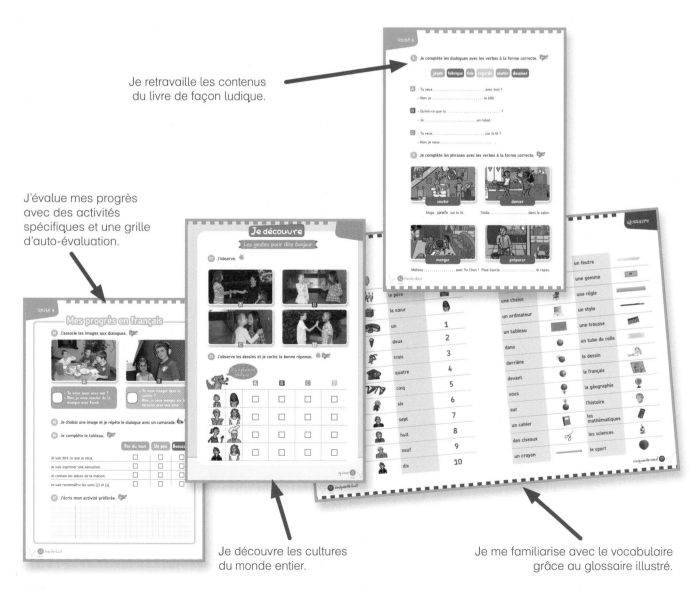

Je découvre les cultures du monde entier.

Je me familiarise avec le vocabulaire grâce au glossaire illustré.

# MON CAHIER

Je m'appelle ....................

J'ai ........... ans.

Je colle
ma photo.

**1** Je relie le personnage au prénom correspondant.

- Juliette

- Stella

- Paul

- Farine

- Titus

- Victor

**2** Je colorie les prénoms de la famille Rivière.

 Hugo

François

Sophie

Tim

Mélissa

| A | I | H | U | G | O | U | F | I | E |
|---|---|---|---|---|---|---|---|---|---|
| G | D | M | Y | Ç | O | I | S | A | V |
| S | Q | H | E | P | E | E | D | B | B |
| O | P | A | B | L | I | O | H | A | E |
| P | F | M | R | F | I | C | D | R | L |
| H | N | C | M | D | B | S | A | N | L |
| I | I | A | H | S | L | F | S | M | A |
| E | E | G | D | K | G | A | J | A | G |
| F | F | R | A | N | Ç | O | I | S | Ç |
| B | C | H | A | D | I | B | T | I | M |

Bella

**3** J'écris mon prénom préféré.

### Famille Garcia :

### Famille Rivière :

**4** J'observe les deux cartes de France
et j'entoure les dix différences sur la carte B.

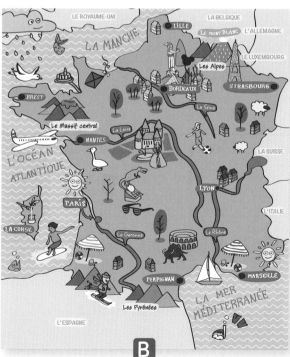

**5** J'écoute et je coche quand j'entends un mot en français.

### Mots en français

mot 1 ☐

mot 2 ☐

mot 3 ☐

mot 4 ☐

mot 5 ☐

mot 6 ☐

mot 7 ☐

mot 8 ☐

**6** J'écoute et j'entoure les lettres entendues.

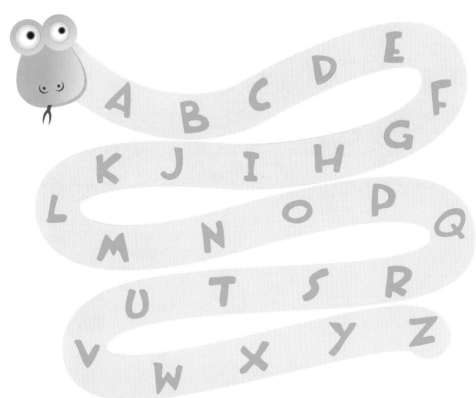

**7** J'écris le nom des villes françaises.

LILLE

S _ _ _ _ _ _ _ R G

_ _ R _ _ _ _ _ _

_ _ _ _ T

**8** Je colorie les personnages.

**1** J'écoute et j'associe un dialogue à une image.

 **2** J'écoute et j'entoure la bonne réponse.

Bonjour !

Salut !

**1**

Bonjour madame Garcia.

Salut Tim !

**2**

Au revoir madame Neville.

Au revoir monsieur Garcia.

**3**

Salut, ça va ?

Ça va bien. Et toi ?

**4**

**3** J'entoure le mot qui est différent dans chaque boîte.

AU REVOIR
au revoir
au   revoir
Au revoir
merci
Au revoir

**AU REVOIR**

Bonjour
Bonjour
BONJOUR
bonsoir
bonjour
Bonjour

**BONJOUR**

Ça va
ÇA VA
salut
ça va
ça va
Ça va

**ÇA VA**

Salut
ça va
SALUT
salut
salut
SALUT

**SALUT**

**4** Je complète les mots.

ÇA  VA ?    B_____R    __A___T

A__  R__V____    _ B___N____

**5** Je coche la bonne réponse.

**Comment tu t'appelles ?**

☐ Salut, ça va ?

☐ Stella. Et toi ?

**Salut, ça va ?**

☐ Bien, merci. Et toi ?

☐ Au revoir. À bientôt.

**Comment il s'appelle ?**

☐ Il s'appelle Tim.

☐ Elle s'appelle Mélissa.

**Au revoir monsieur Garcia.**

☐ Salut, ça va ?

☐ Au revoir madame Neville.

**6** J'écris le prénom des personnages.

*Elle s'appelle Stella.*    Il s'appelle . . . . . . . . . . . .    . . . . . s'appelle . . . . . . . .

. . . . . . . . . . . . . .    . . . . . . . . . . . . .    . . . . . . . . . . . . . .

**7** Je complète les phrases avec les mots.

**Comment** **Je** **Elle** **s'appelle**

. . . . . . . . . . . . . s'appelle Mélissa.     . . . . . . . . . . . . . m'appelle Stella.

. . . . . . . . . . . . . . . . . tu t'appelles ?     Il . . . . . . . . . . . . . . . . . . . Hugo.

**8** Je cherche les mots dans la grille.

| G | C | M | A | P | P | E | L | L | E | E | B |
|---|---|---|---|---|---|---|---|---|---|---|---|
| S | B | G | S | M | T | S | B | E | C | K | A |
| R | U | A | S | U | C | E | T | T | E | O | L |
| L | T | C | D | R | M | R | R | U | B | E | L |
| C | G | C | O | M | M | E | N | T | J | E | O |
| E | A | N | B | I | E | R | T | R | T | U | N |
| S | D | I | M | J | N | P | I | E | U | J | L |
| T | A | P | P | E | L | L | E | S | A | R | V |

~~T'APPELLES~~ M'APPELLE SUCETTE BALLON COMMENT JE C'EST UN TU

dix

**9** J'associe les phrases et je recopie les dialogues.

Ça va ? ●    ● Elle s'appelle Mélissa.

Comment il s'appelle ? ●    ● Je m'appelle Stella.

Qu'est-ce que c'est ? ●    ● C'est un ballon.

Comment tu t'appelles ? ●    ● Bien, merci. Et toi ?

Elle s'appelle comment ? ●    ● Il s'appelle Titus.

- Ça va ? -Bien, merci. Et toi ? ...........................

- .........................................................

- .........................................................

- .........................................................

- .........................................................

**10** Je complète les phrases.

Je m'appelle :

Mon professeur s'appelle :

**11** Je lis et je colorie.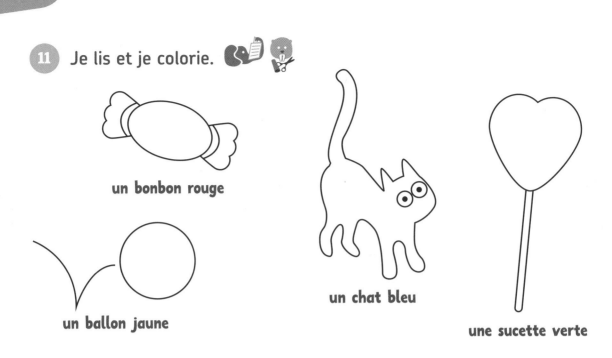

un bonbon rouge

un chat bleu

un ballon jaune

une sucette verte

**12** J'écris *un* ou *une* devant les mots.

Un chien . . . . . . . . . . . . fille . . . . . . . . . . . . ballon

. . . . . . . . . . . chat . . . . . . . . . . . baguette

**13** J'entoure le nom des animaux.

rouge

Un chien

bleue

un chat

une boulangerie

une chèvre

vert

un dauphin

UN BALLON

une sucette

noir

une poule

un cheval

**14** J'écris le nom des animaux.

Un *dauphin*.

Un . . . . . . . . . . . . . .

Une . . . . . . . . . . . . . .

Un . . . . . . . . . . . . . .

Une . . . . . . . . . . . . . .

Un . . . . . . . . . . . . . .

**15** J'entoure les mots avec le son [a].

sucette   Hugo   ballon   BONBON

Mélissa   Titus

stella   Cheval

chien   chat

Vache   journal

fille   JULiETTE   Tim

garçon

# Mes progrès en français

**16** J'associe les images aux dialogues.

- Au revoir Marie !
- À demain !

- Bonjour madame Chauvin !
- Bonjour les enfants !

**17** Je joue ces dialogues avec un ou une camarade.

**18** Je complète le tableau.

|  | Pas du tout | Un peu | Beaucoup |
|---|---|---|---|
| Je sais dire « bonjour » et « au revoir ». | ☐ | ☐ | ☐ |
| Je sais dire comment je m'appelle. | ☐ | ☐ | ☐ |
| Je sais écrire le nom de certains objets. | ☐ | ☐ | ☐ |
| Je connais les couleurs. | ☐ | ☐ | ☐ |
| Je connais le nom des animaux. | ☐ | ☐ | ☐ |

**19** J'entoure mon personnage préféré et j'écris son prénom.

Famille Garcia :

Famille Rivière :

........................ ...........................................

# Je découvre

## Les gestes pour dire bonjour

**20** J'observe.

A

B

C

D

**21** J'observe les dessins et je coche la bonne réponse.

Il y a plusieurs solutions !

|  |  | A | B | C | D |
|---|---|---|---|---|---|
|  |  | ☐ | ☐ | ☐ | ☐ |
|  |  | ☐ | ☐ | ☐ | ☐ |
|  |  | ☐ | ☐ | ☐ | ☐ |
|  |  | ☐ | ☐ | ☐ | ☐ |

Unité 2

**1** J'écoute et j'écris l'âge des enfants.

Elle a *neuf* ans.   Il a . . . . . . . . ans.   Il a . . . . . . . . ans.   Elle a . . . . . . . . ans.

**2** Je complète les phrases.

ans   j'   ~~as~~   ~~a~~   âge   il   quel   neuf

Tu *as* quel *âge* ?          Et Victor ? . . . . . . . . a . . . . . . . âge ?

Moi, . . . . . . . ai . . . . . . . ans.       Il . . . . . . . 8 . . . . . . . .

**3** Je compte et j'écris les nombres.

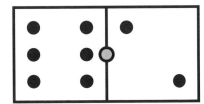 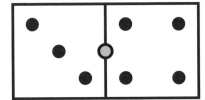 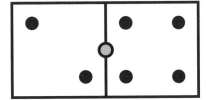

. . . . *huit* . . . .     . . . . . . . . . . . .     . . . . . . . . . . . .

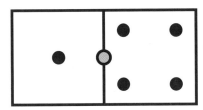 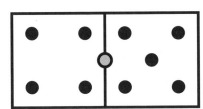

. . . . . . . . . . . .     . . . . . . . . . . . .

16 seize

**4** J'associe les éléments entre eux.

9 ............

huit

8

neuf

**5** J'écoute et j'écris les nombres entendus.

- ............ -   - ............ -   - ............ -

- ............ -   - ............ -   - ............ -

- ............ -   - ............ -   - ............ -

- ............ -   - ............ -

**6** Je compte et j'écris les nombres dans le bon ordre.

| | | | |
|---|---|---|---|
| | | | |

| | 2 | | |
|---|---|---|---|

**7** Je complète les mots-croisés avec les personnes  de la famille de Mélissa.

grand-mère | frère | Mamadou | mère | beau-père | Pierre | frère

Voici ma famille !

**8** Je complète avec *mon*, **ma** ou **mes**.

- Moi, je m'appelle Mélissa. Mamadou, c'est . . . . . . . . . . . . . . . père.

- Hélène et Pierre sont . . . . . . . . . . . . . . grand-parents.

- Sophie est . . . . . . . . . . . . . . mère.

- François, c'est . . . . . . . . . . . . . . . beau-père.

- Tim et Hugo sont . . . . . . . . . . . . . . . frères.

**9** Je complète les phrases.

Je m'appelle...

J'ai ........ ans...

Ma mère s'appelle...

Mon père s'appelle...

Mon frère s'appelle...

Ma sœur s'appelle...

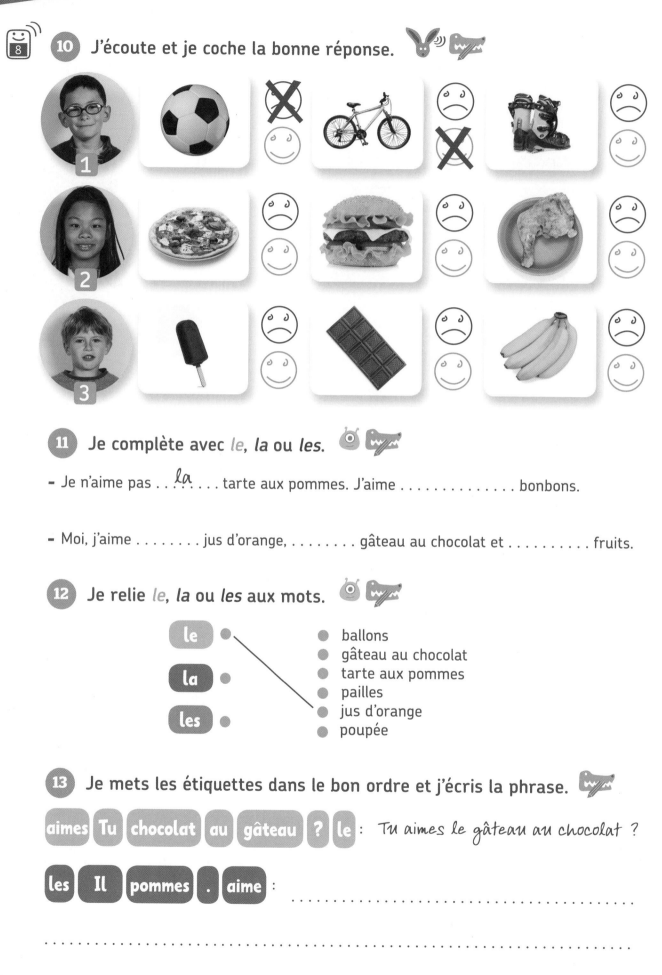

**10** J'écoute et je coche la bonne réponse.

**11** Je complète avec *le*, *la* ou *les*.

– Je n'aime pas . . . *la* . . . . tarte aux pommes. J'aime . . . . . . . . . . . . . bonbons.

– Moi, j'aime . . . . . . . . jus d'orange, . . . . . . . . gâteau au chocolat et . . . . . . . . . . fruits.

**12** Je relie *le*, *la* ou *les* aux mots.

le •
la •
les •

• ballons
• gâteau au chocolat
• tarte aux pommes
• pailles
• jus d'orange
• poupée

**13** Je mets les étiquettes dans le bon ordre et j'écris la phrase.

aimes Tu chocolat au gâteau ? le : *Tu aimes le gâteau au chocolat ?*

les Il pommes . aime : . . . . . . . . . . . . . . . . . . . . . . . . . . . . . . . . . . . . . . . . .

. . . . . . . . . . . . . . . . . . . . . . . . . . . . . . . . . . . . . . . . . . . . . . . . . . . . . . . . . . . . . . . . . .

**14** Je colorie les mots dans la grille.

| A | C | I | G | E | N | I | C | L | S | E | M |
|---|---|---|---|---|---|---|---|---|---|---|---|
| C | P | O | U | P | E | E | B | A | A | K | C |
| A | U | A | I | S | C | A | G | P | N | O | A |
| L | T | C | T | O | M | R | V | I | B | V | D |
| O | C | H | A | U | S | S | O | N | S | L | E |
| T | A | J | R | R | E | N | C | A | T | S | A |
| L | D | O | E | I | N | S | T | U | I | R | U |
| H | E | I | M | T | A | U | X | Z | T | A | X |
| F | L | I | V | R | E | S | I | E | U | R | D |

CHAUSSONS

LIVRE

GUITARE

POUPÉE

LAPIN

CADEAUX

 **15** J'écoute et j'associe une image à un son.

[a]          [ã]

**16** Je colorie le son [ã].

enfant  chat  orange  Mélissa  Tim  François  grand-mère  maman

# Mes progrès en français

**17** J'associe les images aux dialogues. 🐊

A

B

☐ - Comme tu es grande !
Tu as quel âge ?
- J'ai 10 ans.

☐ - J'ai 8 ans et mon frère a
10 ans. Il s'appelle Pierre.

**18** Je joue ces dialogues avec un ou une camarade. 🦜💬

**19** Je complète le tableau. 🐊

| | Pas du tout | Un peu | Beaucoup |
|---|---|---|---|
| Je sais demander l'âge. | ☐ | ☐ | ☐ |
| Je sais exprimer mes goûts. | ☐ | ☐ | ☐ |
| Je sais écrire le nom de certains objets. | ☐ | ☐ | ☐ |
| Je connais les chiffres jusqu'à 10. | ☐ | ☐ | ☐ |
| Je connais les relations familiales. | ☐ | ☐ | ☐ |

**20** J'écris le nom de mon cadeau préféré. 🐊

# Je découvre

## La famille

**21** J'associe une image à un texte.

Je m'appelle Alina.
J'habite avec ma mère
et ma grand-mère.

J'habite avec ma famille
aux États-Unis.

J'habite Lomé avec
ma famille, au Togo.

J'habite Paris
avec mes parents.

J'habite avec mes parents
en Chine.

Mon frère s'appelle Nicolas
et moi Julie.

Je n'ai pas de frères.
Je n'ai pas de sœurs.

J'ai une sœur.

Il y a plusieurs
solutions !

Je m'appelle Chow-Yun.

Mon frère s'appelle Tom.

**1** J'écoute et j'entoure ce que l'enfant a dans la trousse.

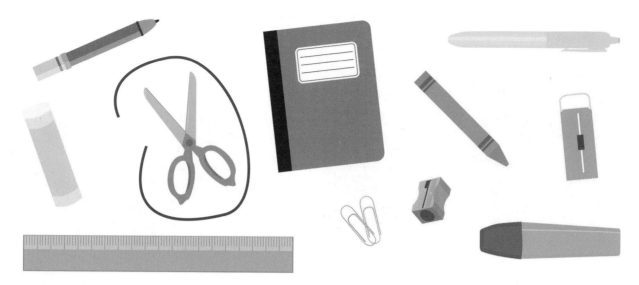

**2** J'entoure les mots dans la grille.

| Q | A | R | C | R | A | Y | O | N | A | T | K |
|---|---|---|---|---|---|---|---|---|---|---|---|
| U | V | J | O | U | F | P | C | R | A | Y | H |
| R | E | G | L | E | G | C | I | R | G | G | U |
| G | S | K | L | G | F | O | S | G | R | G | O |
| O | A | F | E | U | T | R | E | R | E | G | B |
| R | G | O | M | M | E | B | A | O | B | X | M |
| C | N | S | M | F | A | Q | U | G | W | E | A |
| F | A | G | Z | G | C | K | X | Q | U | H | T |

- ~~GOMME~~
- COLLE
- CISEAUX
- RÈGLE
- CRAYON
- FEUTRE

**3** J'écris *le*, *la* ou *les* devant les mots.

Le taille-crayon          La trousse          Les feutres

. . . . . . . stylo        . . . . . . . colle        . . . . . . . cahier

. . . . . . . ciseaux      . . . . . . . règle        . . . . . . . gomme

**4** J'écris les mots qui correspondent aux dessins.

Dans ma ⬛ trousse, il y a mes ✂ . . . . . . . . . . . ,

mon tube de . . . . . . . . . . . , mon ▮ . . . . . . . . . . ,

ma 📏 . . . . . . . . . . , et mes ▮ . . . . . . . . de couleur.

**5** Je relie les éléments entre eux.

12 ● ─────────── ● dix-sept
11 ● ● douze
18 ● ● dix-huit
15 ● ● onze
17 ● ● quinze

**6** Je mets les étiquettes dans le bon ordre et j'écris les phrases.

`Dans` `trousse` `il` `y` `feutres` `ma` `a` `mes` `.`

*Dans ma trousse, il y a mes feutres.*

`Qu'` `qu'` `dans` `est` `cartable` `?` `y` `ce` `a` `il` `ton` `-`

. . . . . . . . . . . . . . . . . . . . . . . . . . . . . . . . . . . . . . .

`cahiers` `Il` `trousse` `a` `et` `mes` `ma` `.` `y`

. . . . . . . . . . . . . . . . . . . . . . . . . . . . . . . . . . . . . . .

**7** Je compte et j'écris les nombres.

6 \ + 7 \ = - il y a *treize* crayons.

10 ▬ + 4 ▬ = - il y a . . . . . . . . . . . gommes.

5 ╲ + 6 ╲ = - il y a . . . . . . . . . . feutres.

5 ✂ + 7 ✂ = - il y a . . . . . . . . . . ciseaux.

6 📓 + 9 📓 = - il y a . . . . . . . . . . cahiers.

**8** Je complète les phrases avec les mots.

sous | dans | devant | derrière

Pierre est *devant* l'affiche.

Les tubes de peinture sont . . . . . . . la boîte.

Victoria est . . . . . . . . la maîtresse.

Le cartable est . . . . . . . . la table.

**9** J'écris le nom des objets.

*une règle*

**10** Je dis ce qu'il y a ou ce qu'il n'y a pas sur l'image.

| | Il y a | Il n'y a pas |
|---|---|---|
| une trousse | ☐ | ☒ |
| des ciseaux | ☐ | ☐ |
| une règle | ☐ | ☐ |
| des cahiers | ☐ | ☐ |
| des tubes de colle | ☐ | ☐ |
| un cartable | ☐ | ☐ |

**11** Je complète les mots.

LA GÉOGRAPHIE          __'I__F_____QUE

L___ SC_____S          __'HI_____RE

L__ F____Ç____          L__ S____T

L___ ___ THÉ_____

**12** Je coche la bonne réponse.

| | le | la | l' | les |
|---|---|---|---|---|
| mathématiques | ☐ | ☐ | ☐ | ☐ |
| géographie | ☐ | ☐ | ☐ | ☐ |
| dessin | ☐ | ☐ | ☐ | ☐ |
| histoire | ☐ | ☐ | ☐ | ☐ |
| musique | ☐ | ☐ | ☐ | ☐ |
| informatique | ☐ | ☐ | ☐ | ☐ |
| sport | ☐ | ☐ | ☐ | ☐ |

**13** Je complète les dialogues avec les verbes.

| préfère | déteste | adore | aime | aimes |

Il y a plusieurs solutions !

- Tu . . . . . . . . . . . . . les maths ?

- Non. Moi, je . . . . . . . . . . . . . le français.

- Et Mélissa ? Qu'est-ce qu'elle . . . . . . . . . . . . . ?

- Elle . . . . . . . . . . . . . la musique mais elle . . . . . . . . . . . . . la géographie.

**14** J'écoute et je coche la bonne réponse.

|  | **A** |  | **B** |  |
|---|---|---|---|---|
| Mes ciseaux sont sous la table. | ☐ | Mes ciseaux sont sur la table. | ☒ |
| Ma trousse est dans mon cartable. | ☐ | Ma trousse est derrière mon cartable. | ☐ |
| Mon cartable est sur la table. | ☐ | Mon cartable est sous la table. | ☐ |
| Mes livres sont devant l'armoire. | ☐ | Mes livres sont dans l'armoire. | ☐ |
| La corbeille à papier est devant le bureau. | ☐ | La corbeille à papier est dans le bureau. | ☐ |

**15** Je relie les éléments entre eux.

le français    le sport    la géographie    les mathématiques    le dessin

 **16** J'écoute et j'entoure les mots avec le son [y].

poule   sous   rouge   sur   Hugo   (Juliette)   trousse   Titus   douze   peinture

# Mes progrès en français

**17** **Je mets les phrases dans le bon ordre.**

Oui, j'aime le français. Et toi ? Quelle est ta matière préférée ?

Et Pierre, il aime la musique ?

Moi, j'adore les maths mais je déteste la musique.

Oui, il adore ! Et le français aussi.

Tu aimes le français ?

**18** **Je joue le dialogue avec un ou une camarade.**

**19** **Je complète le tableau.**

| | Pas du tout | Un peu | Beaucoup |
|---|---|---|---|
| Je comprends le vocabulaire de l'école. | ☐ | ☐ | ☐ |
| Je sais situer un objet. | ☐ | ☐ | ☐ |
| Je peux parler des matières scolaires. | ☐ | ☐ | ☐ |
| Je connais les jours de la semaine. | ☐ | ☐ | ☐ |
| Je sais compter jusqu'à vingt. | ☐ | ☐ | ☐ |

**20** **J'écris le nom de ma matière préférée.**

## L'emploi du temps

**21** J'observe et je dessine mon agenda avec les jours d'école et les jours sans école.

| | Akim Égypte | Axelle France | Alberto Espagne | Moi |
|---|---|---|---|---|
| LUNDI | 🎒 | 🎒 | 🎒 | |
| MARDI | 🎒 | 🎒 | 🎒 | |
| MERCREDI | 🎒 | 🤖 | 🎒 | |
| JEUDI | 🎒 | 🎒 | 🎒 | |
| VENDREDI | 🤖 | 🎒 | 🎒 | |
| SAMEDI | 🤖 | 🎒 / 🤖 | 🤖 | |
| DIMANCHE | 🎒 | 🤖 | 🤖 | |

Attention aux consignes !

 : Jour d'école. J'étudie !

 : Jour sans école. Je joue !

**1** Je complète les dialogues avec les verbes à la forme correcte.

jouer   fabrique   fais   regarde   sauter   dessiner

**A** – Tu veux . . . . . . . . . . . . . . . . . . . . . . . . . avec moi ?

– Non, je . . . . . . . . . . . . . . . . . . . . . . . . la télé.

**B** – Qu'est-ce que tu . . . . . . . . . . . . . . . . . . . . . . . . ?

– Je . . . . . . . . . . . . . . . . . . . . . . . . un robot.

**C** – Tu veux . . . . . . . . . . . . . . . . . . . . . . . . . sur le lit ?

– Non, je veux . . . . . . . . . . . . . . . . . . . . . . . . . .

**2** Je complète les phrases avec les verbes à la forme correcte.

**sauter**

Hugo *saute* sur le lit.

**danser**

Melissa . . . . . . . . . . . . . . . avec Yu Chen !

**manger**

Stella . . . . . . . . . . . . . . . . . . dans le salon.

**préparer**

Paul Garcia . . . . . . . . . . . . . . . . . . le repas.

**3** Je complète les verbes avec les terminaisons.

| e | es |

- Tu fabriqu . . . . . . .          - Tu prépar` . . . . . . .          - Tu écout . . . . . . .

- Je jou . . . . . . . . . .          - Je mang . . . . . . . .          - Elle dans . . . . . . .

- Tu dans . . . . . . . .          - Tu regard . . . . . . .          - Tu mang . . . . . . .

- Il saut . . . . . . . . .          - Il dessin . . . . . . . .          - Il fabriqu . . . . . . .

**4** Je mets les phrases dans le bon ordre.

Tu joues à Docteur Maboul avec moi ?

Non je veux jouer. Qu'est-ce que tu fais, Fadi ?

Tu sautes sur le lit avec moi Victor ?

Je fabrique un robot avec des Lego.

**5** Je relie les éléments entre eux.

Je veux sauter sur le lit, et toi ?

veut chanter.

Je

veux fabriquer un robot.

veux manger dans le salon.

Tu

veux sauter sur le lit.

veut jouer à Docteur Maboul.

Il

veut danser.

veut dessiner dans sa chambre.

Elle

veux préparer le repas.

**6** J'écoute et j'associe les phrases à une image.

**7** Je complète le tableau à l'aide des images.

|  | vrai | faux |
|---|---|---|
| Paul est dans le salon. | ☐ | ☒ |
| Le voisin est dans le salon. | ☐ | ☐ |
| Le voisin est dans l'escalier. | ☐ | ☐ |
| Hugo est dans sa chambre. | ☐ | ☐ |
| Zoom est dans la chambre de Mélissa. | ☐ | ☐ |
| Paul est dans la cuisine. | ☐ | ☐ |
| Juliette est dans le salon. | ☐ | ☐ |
| Hugo est dans le salon. | ☐ | ☐ |

**8** Je complète les mots-croisés.

FRIGO CANAPÉ ARMOIRE LAVABO LIT BAIGNOIRE

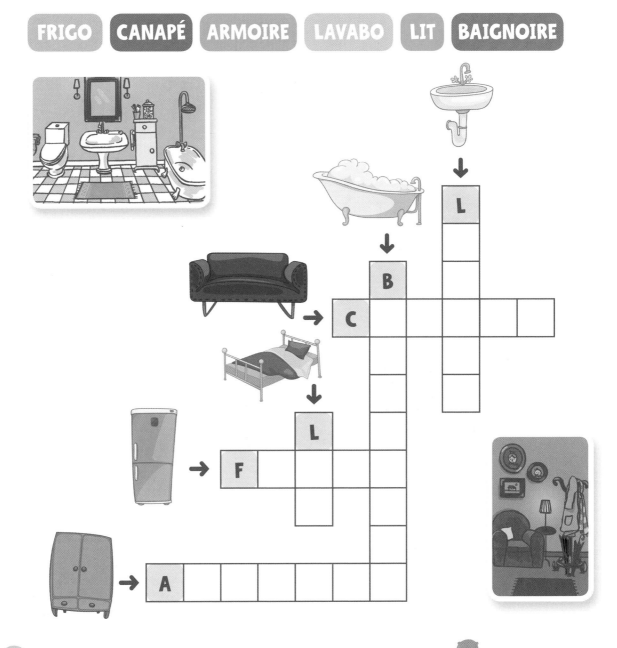

**9** Je colorie le son [ʃ] en bleu et le son [ʒ] en rouge.

chambre Pyjama cheminée fâché

Jouer garage

chaise chanson manger

**10** Je trouve l'intrus dans la série.

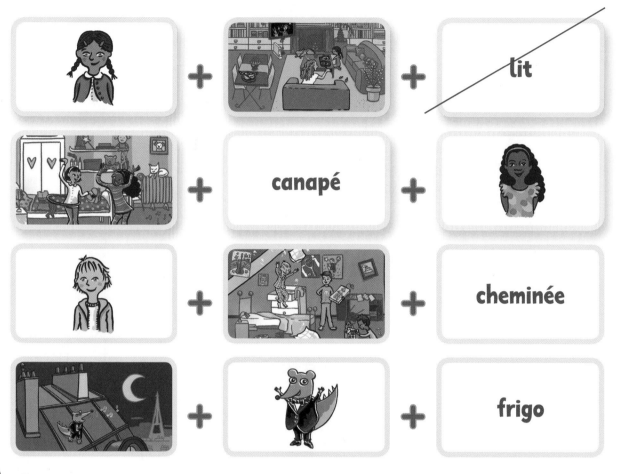

~~lit~~ + canapé + cheminée + frigo

 **11** J'écoute, j'associe un dialogue avec une image  et je complète la phrase.

Elle est . . . . . . . . . . . . . . . . . .

Il est . . . . . . . . . . . . . . . . . . . .

Il est . . . . . . . . . . . . . . . .

Elle est . . . . . . . . . . . . . . . . . .

**12** J'entoure les mots dans la grille.

| L | F | A | T | I | G | U | E | O | P | E |
|---|---|---|---|---|---|---|---|---|---|---|
| S | A | M | R | M | U | R | S | N | C | B |
| U | C | H | I | J | O | I | E | Y | O | P |
| R | H | A | S | H | Z | V | R | U | N | U |
| P | E | U | T | B | O | I | T | X | T | F |
| R | E | H | E | U | R | E | U | S | E | D |
| I | C | P | J | P | A | S | C | N | N | X |
| S | I | K | O | R | A | A | H | F | T | G |
| E | H | E | U | R | E | U | X | Y | D | Y |

FATIGUÉ

CONTENT

TRISTE

HEUREUSE

HEUREUX

SURPRISE

FÂCHÉE

**13** Je mets les étiquettes dans le bon ordre et j'écris les phrases.

il  ce  qu'  Qu'  fait  ?  est  -

*Qu'est-ce qu'il fait ?*

n'  pas  fatiguée  Tu  ?  es

..........................................................................................

veux  jouer  avec  Tu  moi  ?

..........................................................................................

es  Pourquoi  tu  fâché  ?  -

..........................................................................................

# Mes progrès en français

**14** J'associe les images aux dialogues.

A

B

- Tu veux jouer avec moi ?
- Non, je veux écouter de la musique avec Farah.

- Tu veux manger dans la cuisine ?
- Non, je veux manger sur la terrasse avec mes amis.

**15** Je choisis une image et je joue le dialogue avec un camarade.

**16** Je complète le tableau.

|  | Pas du tout | Un peu | Beaucoup |
|---|---|---|---|
| Je sais dire ce que je veux. | ☐ | ☐ | ☐ |
| Je sais exprimer une sensation. | ☐ | ☐ | ☐ |
| Je connais les pièces de la maison. | ☐ | ☐ | ☐ |
| Je sais reconnaître les sons [ʃ] et [ʒ]. | ☐ | ☐ | ☐ |

**17** J'écris mon activité préférée.

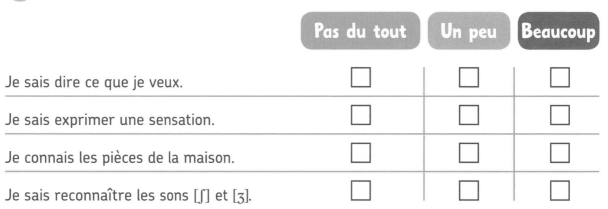

## Les animaux à la maison

**18** J'observe et je complète le tableau.

| Les animaux | Les mascottes de Fanny (France) | Mes mascottes et moi |
|---|---|---|
| un chien | Oui | |
| un chat | Oui | |
| une vache | Non | |
| une poule | Non | |
| une souris | Non | |
| un lapin | Oui | |
| un perroquet | Oui | |
| une araignée | Non | |

**1** J'écoute et j'écris le numéro du dialogue
sous l'image correspondante.

 **2** J'écoute et je complète le menu de la cantine.

betteraves    purée    flan    poisson    tomates    pomme    de la

|  | **Aujourd'hui** | **Demain** |
|---|---|---|
| **Entrée** | Des *betteraves* | De la salade de . . . . . . . . . . . . . . |
| **Plat** | Du . . . . . . . . . . . . . et des carottes | . . . . . . . viande et de la . . . . . . . . . . |
| **Dessert** | Du . . . . . . . . . . . . . . au caramel | Une . . . . . . . . . . . . . . |

**3** Je complète avec *du*, *de la*, *de l'*, *des*. 🐊

| du | de la | de l' | des |

Le matin, je mange . . . . . . *du* . . . . pain avec . . . . . . . . . . confiture.

Je bois . . . . . . . . . . lait. À la cantine, je mange . . . . . . . . . . carottes râpées en

entrée, . . . . . . . . . . viande et . . . . . . . . . . riz. En dessert, . . . . . . . . . . ananas.

Je bois . . . . . . . . . . eau. Le soir à la maison, je mange . . . . . . . . . . soupe

et . . . . . . . . . . fromage. En dessert, je mange un yaourt.

**4** Je coche la bonne réponse. 🐊

| | du | de la | de l' | des |
|---|---|---|---|---|
| | ☐ | ☐ | ☒ | ☐ |
| | ☐ | ☐ | ☐ | ☐ |
| | ☐ | ☐ | ☐ | ☐ |
| | ☐ | ☐ | ☐ | ☐ |
| | ☐ | ☐ | ☐ | ☐ |

**5** J'écris les noms manquants. 

un...

du pain

**6** Je complète les dialogues avec la forme correcte du verbe *vouloir*.

**A** - Qu'est-ce que tu .... *veux* ..... sur ta gaufre ?

- Je . . . . . . . . . . du sucre. Et Emma, elle . . . . . . . . . . de la confiture ?

**B** - Qu'est-ce que tu . . . . . . . . . . ?

- Je . . . . . . . . . . des haricots verts.

**C** - Tu . . . . . . . . . . de l'eau ?

- Oui s'il te plaît.

**7** J'associe la question à la bonne réponse. 

Qu'est-ce qu'il y a comme entrée ? ●          ● Oui, de la glace à la fraise.

Qu'est-ce que tu veux comme plat ? ●          ● Je veux de l'eau.

Tu veux un dessert ? ●          ● Il y a de la salade verte ou des tomates.

Comme boisson, qu'est-ce que tu veux ? ●          ● Du poulet avec des frites, s'il vous plaît.

**8** Je mets les lettres dans le bon ordre et je complète le dialogue. 🐊✏️

| VETIETRES | ~~REVRE~~ | TASITESE | TAPAELU |
|-----------|-----------|----------|---------|

**A** – Je veux de l'eau.

– Donne ton . . . *verre* . . . . . !

**B** – Pose ton . . . . . . . . . . . . . . . . . . . . !

**C** – Je veux des frites

– Donne ton . . . . . . . . . . . . . . . . . !

**D** – Mmmm, j'ai faim !

– Mets ta . . . . . . . . . . . . . . . . . . . . et mange.

**9** J'écris le nom de chaque plat et je demande ces menus. 🐊🐦💬

| Entrée | | Plat | | Dessert |
|--------|---|------|---|---------|

*Une salade verte*

. . . . . . . . . . . . . . . . . . . . . . . . . . . . . . . . . . . . . . . . . . . . . . . . . . . . . .

. . . . . . . . . . . . . . . . . . . . . . . . . . . . . . . . . . . . . . . . . . . . . . . . . . . . . .

. . . . . . . . . . . . . . . . . . . . . . . . . . . . . . . . . . . . . . . . . . . . . . . . . . . . . .

. . . . . . . . . . . . . . . . . . . . . . . . . . . . . . . . . . . . . . . . . . . . . . . . . . . . . .

**10** J'écoute la chanson et je remets les phrases en ordre.

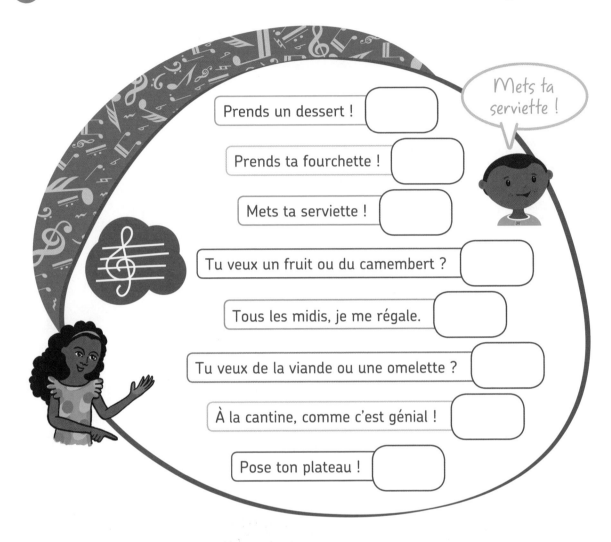

Prends un dessert !

Prends ta fourchette !

Mets ta serviette !

Tu veux un fruit ou du camembert ?

Tous les midis, je me régale.

Tu veux de la viande ou une omelette ?

À la cantine, comme c'est génial !

Pose ton plateau !

Mets ta serviette !

**11** Je colorie le son [o] en bleu et le son [ɔ̃] en rouge.

poisson   fromage   saumon
gâteau   melon   boisson
orange   ballon   chocolat
rôti   haricot   tomate

**12** J'écoute et je coche quand j'entends le son [ɔ̃].

[ɔ̃]

poisson

| | | | |
|---|---|---|---|
| mot 1 | ☐ | mot 5 | ☐ |
| mot 2 | ☐ | mot 6 | ☐ |
| mot 3 | ☐ | mot 7 | ☐ |
| mot 4 | ☐ | mot 8 | ☐ |

**13** Je trouve les mots dans la grille.

| R | F | O | U | R | C | H | E | T | T | E |
|---|---|---|---|---|---|---|---|---|---|---|
| I | S | A | M | R | O | U | R | S | N | S |
| A | U | C | H | I | U | V | I | E | Y | E |
| E | A | P | L | A | T | E | A | U | U | R |
| C | U | I | L | L | E | R | E | T | X | V |
| S | R | E | H | E | A | R | E | U | S | I |
| T | I | C | P | J | U | E | S | C | N | E |
| U | A | S | S | I | E | T | T | E | F | T |
| Ç | E | H | E | U | Ç | E | U | X | Y | T |
| R | E | H | E | Ç | X | E | U | S | I | E |

~~FOURCHETTE~~

COUTEAU

ASSIETTE

CUILLÈRE

PLATEAU

SERVIETTE

VERRE

# Mes progrès en français

**14** Je remets les phrases des dialogues dans le bon ordre.

| Qu'est-ce que tu veux ? | Et comme plat principal ? | Une salade de riz. |
| Et comme dessert ? | Du poisson avec des brocolis. | Du gâteau au chocolat. |

**A :** Qu'est-ce que tu veux ?

**B :** ............................................................

**A :** ............................................................

**B :** ............................................................

**A :** ............................................................

**B :** ............................................................

**15** Je joue ce dialogue avec un ou une camarade.

**16** Je complète le tableau.

| | Pas du tout | Un peu | Beaucoup |
|---|---|---|---|
| Je sais demander de la nourriture. | ☐ | ☐ | ☐ |
| Je peux donner et comprendre une instruction. | ☐ | ☐ | ☐ |
| Je connais le nom de quelques aliments. | ☐ | ☐ | ☐ |
| Je distingue le son [o] et le son [ɔ̃]. | ☐ | ☐ | ☐ |

**17** J'écris un menu avec mes plats préférés.

**18** J'observe.

A du gaspacho

B un sandwich

C des nouilles

D du couscous

**19** J'observe les dessins et je coche la bonne réponse.

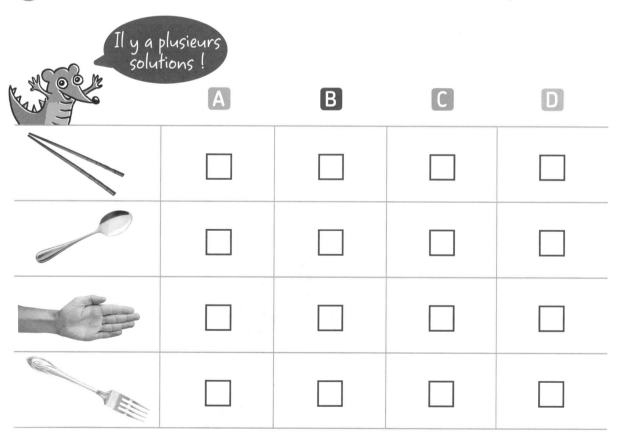

Il y a plusieurs solutions !

| | A | B | C | D |
|---|---|---|---|---|
| baguettes | ☐ | ☐ | ☐ | ☐ |
| cuillère | ☐ | ☐ | ☐ | ☐ |
| main | ☐ | ☐ | ☐ | ☐ |
| fourchette | ☐ | ☐ | ☐ | ☐ |

**1** Je lis la description et je coche la bonne image.

> Il est brun. Il a les cheveux raides. Il porte une chemise blanche et un pantalon noir.

> Elle a les cheveux longs. Elle porte un jean et un tee-shirt blanc. Elle est blonde.

☐ ☐ ☐ ☐

**2** J'écris les phrases au masculin ou au féminin.

Il est brun. Elle est . . . . . . . . . . . . . . . . . .

Il est . . . . . . . . . . . . . . . . Elle est mince.

Il est petit. Elle est . . . . . . . . . . . . . . . . . .

Il est âgé. Elle est . . . . . . . . . . . . . . . . . . .

Il est . . . . . . . . . . . . . . . . . Elle est grande.

Il est . . . . . . . . . . . . . . . . Elle est blonde.

**3** Je remets les lettres en ordre.
J'écris le mot à côté du dessin correspondant.

| TENREV | DPIE | ÊETT | SRAB | HEOUBC |

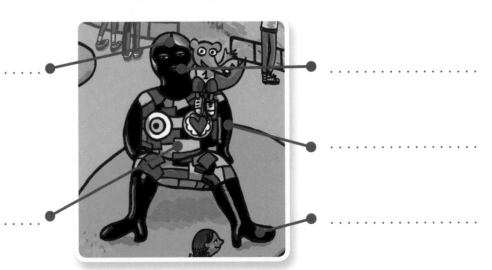

. . . . . . . . . . . . . . . . . . . .        . . . . . . . . . . . . . . . . . . . .

. . . . . . . . . . . . . . . . . . . .

. . . . . . . . . . . . . . . . . . . .        . . . . . . . . . . . . . . . . . . . .

**4** Je me décris.

 **5** J'écoute et j'écris le numéro sous l'image correspondante.

**6** Je complète les phrases.

Elle a mal aux . . . . . . . . . . . . . . .

Il a mal au . . . . . . . . . . . . . . . . .

Il a mal au . . . . . . . . . . . . . . . .

Elle a mal à la . . . . . . . . . . . . . . .

**7** Je mets les étiquettes dans le bon ordre et j'écris les phrases.

soif ! oui J' Oh ai ! : *Oh oui ! J'ai soif !*

J' ai à tête mal la .

. . . . . . . . . . . . . . . . . . . . . . . . . . . . . . . . . . . . . . . . . . . . . . . . . . . . . . . . . .

ton Enlève et pull casquette mets ta .

. . . . . . . . . . . . . . . . . . . . . . . . . . . . . . . . . . . . . . . . . . . . . . . . . . . . . . . . . .

**8** J'écoute la description et j'entoure l'enfant correspondant.

**9** J'écoute le dialogue et je mets les phrases dans le bon ordre.

Oh oui ! J'ai soif.

J'ai chaud et j'ai mal à la tête.

Tu veux boire de l'eau ?

Je suis fatiguée.

Enlève ton pull et mets ta casquette.

**10** Je décris un des garçons de la photo.

**11** Je complète les phrases avec *au*, *à la* et *à l'*.

Julien va . . . . . . . . . . . . . piscine le mercredi matin.

Le samedi, Momoko va . . . . . . . . . . . . . . danse.

Youssef va . . . . . . . . . . . . . stade de foot le jeudi après-midi.

Andrew va . . . . . . . . . . . . . école de musique le mercredi matin.

**12** Je complète les dialogues.

**A** – Tu . . . *aimes* . . . la . . *gymnastique* . . ?

– Oui, j' . . . . . . . . . . . . . . . . . . . . !

**B** – . . . . . . . . . . . . . . . . . . . . . tu fais le mercredi ?

– Je . . . . . . . . . . . . . . . . . . . du . . . . . . . . . . . . . . . . . .

**C** – Qu'est-ce que tu fais le . . . . . . . . . . . . . . . . . . . . . ?

– Je joue au . . . . . . . . . . . . . . . . . . . .

**D** – Qu'est-ce que tu fais comme . . . . . . . . . . . . . . . . . . . . ?

– Je . . . . . . . . . . . . . . . . . . . au rugby.

**13** J'observe l'image et j'écris le nom de l'activité.

A     B     C     D

**A** Andrew joue au . . . . . . . . . . . . . . . . . . . . . . . . . . . . . . . . . . . . . . . . . . . . . . . . . . . . . .

**B** Amina fait du . . . . . . . . . . . . . . . . . . . . . . . . . . . . . . . . . . . . . . . . . . . . . . . . . . . . . . . .

**C** Pedro joue au . . . . . . . . . . . . . . . . . . . . . . . . . . . . . . . . . . . . . . . . . . . . . . . . . . . . . . . .

**D** Alice fait de la . . . . . . . . . . . . . . . . . . . . . . . . . . . . . . . . . . . . . . . . . . . . . . . . . . . . . . .

**14** Je mets les étiquettes dans le bon ordre et j'écris les phrases.

tu   ?   Qu'est-ce que   mercredi   le   fais

*Qu'est-ce que tu fais le mercredi ?*

et   vais   gym   à la   bibliothèque   à   Je   .   la

. . . . . . . . . . . . . . . . . . . . . . . . . . . . . . . . . . . . . . . . . . . . . . . . . . . . . . . . . . . . . . . . . . . .

fais   de   natation   la   du   Je   judo   .   et

. . . . . . . . . . . . . . . . . . . . . . . . . . . . . . . . . . . . . . . . . . . . . . . . . . . . . . . . . . . . . . . . . . . .

**15** Je trouve les mots dans la grille.

| B | F | O | O | T | B | A | L | L | T | N |
|---|---|---|---|---|---|---|---|---|---|---|
| A | S | A | M | R | A | U | R | S | N | A |
| D | U | C | H | I | S | V | I | E | Y | T |
| M | A | P | L | A | K | E | A | T | U | A |
| I | D | A | N | S | E | R | E | E | X | T |
| N | R | E | H | E | T | R | E | N | S | I |
| T | I | C | P | J | U | D | O | N | N | O |
| O | A | S | S | D | E | S | S | I | N | N |
| N | E | H | E | U | Ç | E | U | S | Y | T |
| N | E | H | E | Ç | X | E | U | S | I | E |

FOOTBALL

BASKET

DANSE

DESSIN

TENNIS

JUDO

NATATION

BADMINTON

 **16** J'écoute et je coche quand j'entends le son [v].

[v]

mot 1 ☒        mot 5 ☐

mot 2 ☐        mot 6 ☐

mot 3 ☐        mot 7 ☐

mot 4 ☐        mot 8 ☐

ventre

**17** J'écris trois mots avec le son [b] et trois mots avec le son [v].

[b] : . . . . . . . . . . . . . . . . . . . . . . . . . . . .        [v] : . . . . . . . . . . . . . . . . . . . . . . . . . . . .

[b] : . . . . . . . . . . . . . . . . . . . . . . . . . . . .        [v] : . . . . . . . . . . . . . . . . . . . . . . . . . . . .

[b] : . . . . . . . . . . . . . . . . . . . . . . . . . . . .        [v] : . . . . . . . . . . . . . . . . . . . . . . . . . . . .

# Mes progrès en français

**18** Je choisis une image. Je dis ce que je vois et je décris les personnages.

**19** J'écris mon sport préféré.

**20** Je décris un ou une camarade de classe.

**21** Je complète le tableau.

|  | Pas du tout | Un peu | Beaucoup |
|---|:---:|:---:|:---:|
| Je sais décrire une personne. | ☐ | ☐ | ☐ |
| Je sais parler de mes activités après l'école. | ☐ | ☐ | ☐ |
| Je connais le nom des parties du corps. | ☐ | ☐ | ☐ |
| Je connais le nom des vêtements. | ☐ | ☐ | ☐ |
| Je sais dire où je vais. | ☐ | ☐ | ☐ |
| Je sais dire où j'ai mal. | ☐ | ☐ | ☐ |

# Je découvre

## Les sports et les couleurs

**22** J'observe ces images et je les associe à une activité.

 le rugby  les échecs  le football

**23** J'associe chaque maquillage à un drapeau.

**24** Je maquille Victor aux couleurs du drapeau de mon pays.

## Bienvenue !

| | | | |
|---|---|---|---|
| un alphabet | Aa Bb Cc Dd Ee Ff Gg Hh Ii Jj Kk Ll | François | |
| Farine | | Hugo | |
| Titus | | Mélissa | |
| Bella | | Tim | |
| Zoom | | la famille Garcia | |
| une carte | | la famille Rivière | |
| Juliette | | bienvenue | bienvenue |
| Paul | | bonjour | Bonjour |
| Stella | | ça va ? | Ça va ? |
| Victor | | salut ! | Salut ! |

Unité 1: Bonjour !

| | | | |
|---|---|---|---|
| un chat | | un ballon | |
| un cheval | | une boîte | |
| un chien | | un bonbon | |
| une chèvre | | un cartable | |
| un dauphin | | une fille | |
| une poule | | un garçon | |
| blanc | | un journal | |
| bleu | | une limonade | |
| jaune | | un scooter | |
| noir | | une sucette | |
| rouge | | une femme | |
| vert | | un homme | |
| une baguette | | merci | Merci ! |

# Glossaire

## Unité 2 : c'est la fête !

| | | | |
|---|---|---|---|
| un ballon | | la mère | |
| des bougies | | le père | |
| un cadeau | | la sœur | |
| un gâteau | | un | 1 |
| une glace | | deux | 2 |
| un lapin | | trois | 3 |
| des livres | | quatre | 4 |
| des pailles | | cinq | 5 |
| une poupée | | six | 6 |
| le beau-père | | sept | 7 |
| la grand-mère | | huit | 8 |
| le grand-père | | neuf | 9 |
| le frère | | dix | 10 |

**Unité 3 : À l'école**

| | | | |
|---|---|---|---|
| une bibliothèque | | un feutre | |
| un bureau | | une gomme | |
| une chaise | | une règle | |
| un ordinateur | | un stylo | |
| un tableau | | une trousse | |
| dans | | un tube de colle | |
| derrière | | le dessin | |
| devant | | le français | |
| sous | | la géographie | |
| sur | | l'histoire | |
| un cahier | | les mathématiques | |
| des ciseaux | | les sciences | |
| un crayon | | le sport | |

# Glossaire

| | | | |
|---|---|---|---|
| chanter | | un salon | |
| danser | | un toit | |
| dessiner | | une armoire | |
| écouter | | une baignoire | |
| fabriquer | | un canapé | |
| jouer | | une cheminée | |
| manger | | un lavabo | |
| préparer | | un lit | |
| sauter | | une table | |
| une chambre | | une télévision | |
| une cuisine | | une chemise | |
| un escalier | | un pyjama | |
| une salle de bains | | un robot | |

## Unité 5 : À la cantine

| | | | |
|---|---|---|---|
| un ananas | | un yaourt | |
| des carottes | | du chocolat | |
| des crêpes | | de la confiture | |
| de l'eau | | de l'huile | |
| des frites | | du sel | |
| des gaufres | | du sucre | |
| des haricots verts | | une assiette | |
| du jus d'orange | | un couteau | |
| du poisson | | une cuillère | |
| une pomme | | une fourchette | |
| une salade | | un plateau | |
| des tomates | | des serviettes | |
| de la viande | | un verre | |

# Glossaire

| | | | |
|---|---|---|---|
| l'athlétisme | | l'épaule | |
| le basket | | le genou | |
| la danse | | la gorge | |
| le football | | la jambe | |
| le judo | | la main | |
| la musique | | le nez | |
| la natation | | le pied | |
| le rugby | | la tête | |
| le tennis | | le ventre | |
| la bouche | | les yeux | |
| le bras | | une casquette | |
| les cheveux | | une statue | |
| les doigts | | des baskets | |

# Notes

**Auteurs**
Catherine Jonville, Manuela Ferreira Pinto

**Conseil pédagogique et éditorial**
Cécile Canon, Katia Coppola, Michèle Grandmangin-Vainseine

**Révision pédagogique**
Cécile Canon

**Coordination éditoriale et rédaction**
Lourdes Muñiz

**Illustrations**
Marie-Laure Béchet, Mangas Verdes, Laurianne López

**Reportage photographique**
García Ortega

**Conception graphique, mise en page et couverture**
Mangas Verdes, Laurianne López, Luis Luján

**Enregistrements**
Coordination : Lourdes Muñiz, Cécile Canon, Séverine Battais

**Musique**
Pol Wagner

**Chanteuse**
Cécilia Debergh

**Locuteurs**
Mathieu Aupitre, Séverine Battais, Cécile Canon, Stéphane Charruyer, Ludovica Colussi, Maé Contino-Evanen, Katia Coppola, Cécilia Debergh, Isabelle Dejean, Farah El Azzouzi-Espinosa, Eulogio Fernández, Anton Fernández Dejean, Loris Fernández Dejean, Dominique Gravier, Etienne Gregson Josse, Manon Inorreta De Craene, Philippe Liria, Christian Mari, Miguel Mari, Lourdes Muñiz, Rémi Normand Gravier, Tom Normand Gravier, Pau Ridameya Jan, Victoria Ridameya Jan, Chloë Serra Albin-Amiot

**Remerciements**
Pour les reportages photographiques, nous tenons à remercier d'une part, les élèves de la classe de CP/CE1 (2011-2012) de l'école Pierre Loti à Bourg-la-Reine, leurs parents, la municipalité, le personnel enseignant et le personnel communal et d'autre part, Farah El Azzouzi-Espinosa, Etienne Gregson Josse, Manon Inorreta De Craene, Miguel Mari, Pau Ridameya Jan, Victoria Ridameya Jan et Chloë Serra Albin-Amiot.

Couverture : Marie-Laure Béchet ;
Unité 1 p. 8 García Ortega, p. 13 Christian Musat/Fotolia.com, Ludovica Colussi, coco/Fotolia.com, Olympixel/Fotolia.com, Petra Beerhalter/Fotolia.com, Alicia Soto Cebrián, p. 14-15 García Ortega ; Unité 2 p. 20 García Ortega, mirpic/Fotolia.com, Le Do/Fotolia.com, Ruslan Kudrin/Fotolia.com, Boris Ryzhkov/Fotolia.com, karandaev/Fotolia.com, Africa Studio/Fotolia.com, gosphotodesign/Fotolia.com, Aaron Amat/Fotolia.com, Liaurinko/Fotolia.com, p. 22 García Ortega, p. 23 Rob/Fotolia.com, Wong Sze Fei/Fotolia.com, michaeljung – Fotoliacom, auremar/Fotolia.com ; Unité 3 p. 24 artisticco/Fotolia.com, JungleOutThere/Fotolia.com, p. 26 artisticco/Fotolia.com, JungleOutThere/Fotolia.com, p. 27 García Ortega, p. 29 picsfive/Fotolia.com, Bernd_Leitner/Fotolia.com, artisticco/Fotolia.com, Aaron Amat/Fotolia.com, EMDL, p. 31 García Ortega ; Unité 4 p. 35 RA Studio/Fotolia.com, p. 36 – 39 García Ortega, p. 39 cynoclub/Fotolia.com, DenisNata/Fotolia.com, Eric Isselée/Fotolia.com, Pakhnyushchyy/Fotolia.com, Farinoza/Fotolia.com, andrewburgess/Fotolia.com ; Unité 5 P. 40 Jean-François Moulière, García Ortega, Jean-François Moulière, P. 41 Sergey Yarochkin/Fotolia.com, WavebreakmediaMicro/Fotolia.com, Nitr/Fotolia.com, uckyo/Fotolia.com, p. 42 Jean-François Moulière, p. 43 Jacek Chabraszewski/Fotolia.com, karandaev/Fotolia.com, Nitr/Fotolia.com, Nouk/Fotolia.com, Africa Studio/Fotolia.com, guy/Fotolia.com, p. 47 nito/Fotolia.com, Studio Gi/Fotolia.com, dulsita/Fotolia.com, Marco Mayer/Fotolia.com, eloleo/Fotolia.com, Ilya Akinshin/Fotolia.com, Sergii Figurnyi/Fotolia.com, Igor Kovalchuk/Fotolia.com ; Unité 6 p. 48 – 49 García Ortega, p. 49 Lourdes Muñiz, p. 50 – 52 García Ortega, p. 55 Andres Rodriguez/Fotolia.com, Ramona Heim/Fotolia.com, DURIS Guillaume/Fotolia.com, Eléonore H/Fotolia.com, emanelda/Fotolia.com, Ilike/Fotolia.com, Val Thoermer/Fotolia.com Glossaire illustré : Marie-Laure Béchet, Mangas Verdes et Laurianne López sauf p. 59 artisticco/Fotolia.com, JungleOutThere/Fotolia.com, EMDL, picsfive/Fotolia.com, Igor Kovalchuk/Fotolia.com, Bernd_Leitner/Fotolia.com, Sashkin/Fotolia.com, Aaron Amat/Fotolia.com ; p. 60 RA Studio/Fotolia.com, Iosif Sirko/iStockphoto, Thibaut/Fotolia.com, modestil/Fotolia.com, p. 61 uckyo/Fotolia.com, yamix/Fotolia.com, Nitr/Fotolia.com, nito/Fotolia.com, karandaev/Fotolia.com, Jacek Chabraszewski/Fotolia.com, msk.nina/Fotolia.com, Africa Studio/Fotolia.com, guy/Fotolia.com, Guido Vrola, WavebreakmediaMicro/Fotolia.com, Orlando Bellini/Fotolia.com, scottlitt/Fotolia.com, picsfive/Fotolia.com, Catzovescu - Dreamstime.com, Igor Kovalchuk/Fotolia.com, Comugnero Silvana/Fotolia.com, Igor Kovalchuk/Fotolia.com, Davner - Dreamstime.com, Mexrix/Fotolia.com, Sergey Yarochkin/Fotolia.com ; p. 62 Aaron Amat/Fotolia.com, kornienko/Fotolia.com, mirpic/Fotolia.com, Sykwong/Fotolia.com, Ilya Akinshin/Fotolia.com, Africa Studio/Fotolia.com, Julien Rousset/Fotolia.com, Marius Graf/Fotolia.com, wolfelarry/Fotolia.com, Ludovic L'Henoret/Fotolia.com

Réimpression : décembre 2022
ISBN : 978-84-15620-58-7
Dépôt légal : B 33170-2012
Imprimé dans l'UE

www.emdl.fr

MIXTE
Papier issu de
sources responsables
FSC® C019520

DANGER

LE
PHOTOCOPILLAGE
TUE LE LIVRE